# De verliefde Bulle

Els Rooijers
tekeningen van Riske Lemmens

## Lieve prinses Lutien

Het is een frisse ochtend in de herfst.
Bulle klimt over een hoge muur.
Met een zware plof komt hij op de grond.
Hij tuurt naar een meisje in de verte.
Haar blonde haar schittert in het koude zonlicht.
'Prinses Lutien!'
De jongen zet zijn handen aan zijn mond.
Zijn stem galmt over het grote landgoed.
'Lieve Lutien, wacht toch even!'

Bulle haast zich langs een lange oprijlaan.
Hij is nogal dik en hijgt zwaar.
Maar toch rent hij verder.
De prinses draait zich langzaam om.
Ze draagt een lange mantel van bont.
De zoom sleept over de grond.
Ze trekt een vies gezicht.
Kil kijkt ze naar Bulle.
Met lompe passen loopt hij op haar af.
'Wat moet je nu weer van me, Bulle?
Laat me toch met rust.'
Ze wuift kort met haar hand.
Aan iedere vinger glanzen minstens twee ringen.
Ringen van puur goud met dure stenen.
Prinses Lutien trekt haar neusje op.

'Bah, wat zie je er smerig uit!
Je lijkt wel een varken!
Heb je in de blubber gerold?
En zo durf je míj te roepen?'
'Lutien, alsjeblieft, mag ik je iets geven?'
Bulle steekt zijn hand in zijn broekzak.
Hij haalt er een roze schuimpje uit.
Het ziet er nogal vies uit.
'Alsjeblieft.
Dit is voor jou.'
De wenkbrauwen van de prinses vliegen omhoog.
Haar dunne lijf rilt,
alsof ze naar een klont vogelpoep kijkt.
'Het is een schuimpje,' legt Bulle snel uit.
'Het smaakt heerlijk.'
Hij kijkt Lutien stralend aan.
'Ben je gek geworden!' roept de prinses.
Haar stem klinkt hoog en schril.
'Er zit niet eens een papiertje om!
Het komt zo uit die broekzak van jou.
En dat moet ík opeten?
Denk toch eens even na, Bulle!
Ik ben toch geen boerin!'
De prinses steekt haar kin in de lucht.
'Wat zit er verder nog in je zak?
Een vieze snotlap en een dode muis?
Of een paar wurmen om mee te vissen?'

De prinses griezelt al bij het idee.

'Ach, misschien een korrel zand,' zegt Bulle.

Hij lacht verlegen.

'Dat is toch niet erg, Lutien.

Dat komt zo uit de natuur.'

'Een hoop mest ook!' zegt de prinses pinnig.

'En die eet ik ook niet op.'

Lutien wil zich omdraaien maar ze bedenkt zich.

'Weet je wat je doet, Bulle?

Eet dat schuimpje maar lekker zelf op.

Dat is goed voor die spekbuik van je!'

De prinses lacht hard.

Het kroontje op haar hoofd trilt ervan.

Dan draait ze zich op haar hakken om.


'Laat me voortaan met rust!' bijt ze hem toe.

'Anders stuur ik de honden op je af.'

'Maar, maar Lutien,' stamelt Bulle.

'We waren toch altijd goede vrienden?

We zouden gaan trouwen, weet je nog?'

'Hou op met die onzin!' roept de prinses.

Ze stampt boos met haar hak.

'Ik was vijf jaar toen ik dat beloofde.

Nu ben ik al acht!

Ik zeg het voor de laatste keer, Bulle.

Ik trouw niet met je.

Nooit van mijn leven!'

Bulle krijgt meteen kramp in zijn buik.

De tranen springen in zijn ogen.

'Maar we kunnen toch wel vrienden zijn?'

Lutien slaakt een luide zucht.

'Ik ben een prinsés, Bulle.

Begrijp dat nou eens!

Een prinses is niet bevriend met een boerenkinkel.'

Bulle voelt zich slap worden.

Met vochtige ogen kijkt hij de prinses na.

'Lieve, knappe Lutien,' mompelt hij.

'Ooit wil ik met je trouwen.

En daar heb ik alles voor over.'

## Een moeilijke wens

Met hangend hoofd gaat Bulle naar huis.
Hij volgt een bospad de helling op.
Dan draait hij zich nog eens om.
Hij staart naar het landgoed van Lutien.
Hij ziet haar het bordes oplopen.
Dan verdwijnt ze door de grote deuren.
Bulle voelt zich koud en verlaten,
alsof Lutien voorgoed in het kasteel verdwijnt.

Bulle loopt verder het bos in.
Algauw komt hij bij zijn huisje.
Het is erg oud en alles hangt scheef.
De deuren, de luiken en zelfs de schoorsteen.
En het is er heel stil.
Want er is niemand thuis.
Zijn vader werkt altijd in het bos.
En een moeder heeft hij niet meer.
Bulle duwt de scheve deur open.
Hij gaat aan een oude tafel zitten.
En peutert het schuimpje uit zijn broekzak.
Hij legt het voor zich op tafel.
Hij heeft geen zin om het op te eten.
Zelfs in een bord pap heeft hij geen trek.
En dat komt niet vaak voor.
Somber staart hij naar het snoepje.

Maar opeens gaat hij rechtop zitten.
Hij begrijpt nu wat er mis is gegaan.
Wat stom van hem!
Hij had eerst voor Lutien moeten buigen.
En hij had haar hand moeten kussen.
Dat doe je altijd bij een prinses.
Daarna had hij pas het snoepje mogen geven.
Vroeger vergaf Lutien hem zulke fouten.
Toen was ze nog niet zo streng.
Maar nu ...
Bulle sluit zijn ogen.
Om te oefenen kust hij zijn eigen hand.
'Liefste,' zegt hij zacht.


Er staat iemand bij de deur.
Maar Bulle hoort het niet.
Opeens klinkt er een schorre stem.
Bulle schrikt en kijkt op.
'Zit jij nou jezelf te zoenen?'
Een oude vrouw kijkt hem verbaasd aan.
Ze heeft lieve, blauwe ogen.
Ze leunt zwaar op een stok.
'Waarom lik je jezelf af?'
Stram stapt ze over de drempel.
Ze is nogal klein en krom.
Haar hoofd komt maar net boven de tafel uit.
En haar wangen zijn rood als wijnballen.

Haar grijze haar plakt aan haar warme voorhoofd.

'Geef me liever een glas water.

Ik heb heel erge dorst.'

'Dan moet je wat verder lopen,' zegt Bulle.

'Langs de weg staat een pomp.'

Bulle voelt zich boos en betrapt.

'Schaam je, jongen!

Zie je niet hoe moe ik ben?

En hoe krom mijn benen zijn?

Ik kan echt niet verder.'

Het vrouwtje schuifelt naar de tafel.

Ze gaat op een stoel zitten.

Vrolijk lacht ze naar Bulle.

Dan ziet ze het snoepje op tafel liggen.

'Hmm, een schuimpje!

Daar ben ik dol op!

Geef het aan mij.

En je liefste wens komt uit.'

'Eet maar op,' zegt Bulle.

Hij slaakt een lange, droeve zucht.

'Het was voor een meisje bedoeld.

Maar zij wil het niet hebben.'

Bulles wenkbrauwen zakken nog verder omlaag.

Moeizaam staat hij op.

Hij schenkt een glas water in.

En zet het op tafel.

Zwaar laat hij zich op zijn stoel ploffen.

'Mijn liefste wens komt nooit uit.

Want de prinses wil niet met me trouwen.'

'Prinses?'

Het vrouwtje begint verrast te lachen.

'Je bedoelt toch niet Lutien Zwier?

Wil je daarmee trouwen?

Met die kattenkop!

Dat kreng met haar parels en juwelen.

Je bent niet goed snik!

Je kunt beter met een cactus trouwen.

Daar word je nog gelukkiger mee.'

Bulle slaat hard met zijn hand op tafel.

'Genoeg!' zegt hij kwaad.

'Ik hou van haar.

En zij ook van mij.

Alleen weet ze dat niet meer.'

'Dus het is geen grapje,' zegt het vrouwtje.

Ze kijkt Bulle met haar ronde ogen aan.

En ze trekt een ernstig gezicht.

'Jouw wens is niet zo simpel,' zegt ze.

'En ik vind het ook niet leuk om te doen.

Zo'n lieve jongen trouwen met zo'n nare prinses.

Waarom wil je dat toch?'

'Ze is niet naar,' zeg Bulle fel.

'Ze is het liefste meisje dat ik ken.'

Het vrouwtje haalt haar schouders op.

'Als dat jouw wens is, zal ik het proberen.

Ik ben niet voor niets een heks.'

Bulle kijkt de heks verrast aan.

'Bent u een échte heks?' vraagt hij.

Hij ziet er meteen weer vrolijk uit.

'Dus u kunt toveren?'

'Nou, het lukt niet altijd even goed.

Want ik ben al wat ouder.

Maar ik wil het wel proberen.

Jij wilt dus trouwen met prinses Lutien?'

'Ik wil voor altijd vrienden met haar zijn.

En later, later wil ik met haar trouwen.'

Bulle kijkt de oude vrouw vol spanning aan.

De heks steekt het schuimpje in haar mond.

Ze zuigt er een hele poos op.

Af en toe tuit ze haar lippen.

Of ze schudt met haar hoofd.

'Moeilijk, echt heel moeilijk,' mompelt ze.

## De toverspreuk

Even later loopt Bulle het bospad af.
De heks strompelt naast hem.
'Dus Lutien gaat straks winkelen?' vraagt ze.
'Weet je dat zeker, Bulle?'
Bulle knikt.
'Dat doet ze altijd op dinsdag,' antwoordt Bulle.
'Mooi zo,' zegt de heks.
'Want ik weet een goede toverspreuk.
Dan moet ik haar wel bij de hand houden.
Anders werkt de spreuk niet.
Maar ik heb al een plan bedacht.
Verstop jij je maar tussen de struiken.
Als ik je roep, moet je komen.'
Bulle kruipt weg tussen de bosjes.
Zijn zwarte haar steekt boven de blaadjes uit.
Het lijkt net het nestje van een vogel.
De heks gaat naast de poort staan.
Ze leunt op haar stok.
En ze wacht en wacht.

Eindelijk ziet ze de prinses.
Haar witte mantel wordt zichtbaar tussen de bomen.
Lutien is nu bijna bij het hek.
Onder haar arm klemt ze een gouden tasje.
De heks laat zich op de stoep zakken.

'Help! Ik ben gevallen,' jammert ze luid.

'Alsjeblieft, meisje, help mij!'

Ze steekt haar hand smekend naar Lutien uit.

'Hè, bah,' zegt de prinses.

'Wat is dat nou voor iets naars?'

Snel doet ze een stapje terug.

'Help me, alsjeblieft! Ik heb zo'n pijn.'

De prinses verbergt haar handen in haar zakken.

'O nee, daar kan ik niet aan beginnen.'

Ze doet nog een stapje terug.

'Want weet u, ik ben prinses Lutien Zwier.

Ik heb zelf overal mijn personeel voor.

Ik heb sloofjes voor in de keuken.

Die bakken taartjes als ik daar trek in heb.

En werksters ruimen mijn speelgoed op.

Er zijn vrouwtjes die mijn poppen in bad doen.

En ook heb ik knechten.

Die zorgen voor mijn pony.

Of ze borstelen de honden.

En verder heb ik nog hofdames.

Die doen spelletjes met mij.

En o wee, als ik verlies.

Dan smijt ik alles door de zaal.

Dan moeten zij het weer opruimen.'

Lutien lacht koud.

Ze steekt haar neus in de lucht.

'Dus ik kán u gewoon niet helpen.

Dat is niet gepast.

Dan kan ik thuis ook aan het werk gaan.

Wat een idioot idee!'

De heks komt een stukje overeind.

Ze probeert haar stok te pakken.

Maar kreunend zakt ze weer in elkaar.

'Geef dan alleen mijn stok even aan!

Alsjeblieft?

Je hoeft niet eens te bukken.

Schuif hem met je voet naar mij toe.'

'Die vieze stok?' roept de prinses.

'Moet ik daar met mijn schoen aanzitten?

Maar best, oud vrouwtje toch!'

De prinses buigt naar de heks over.

'Dat kán ik niet doen.

Ik ben prinses.

Wacht u maar op iemand anders.

Want het begint met uw stok.

En daarna moet ik u op de been helpen.

En dan zeker ook nog uw spullen oprapen.

Dan moet ik u een arm geven.

En met u naar huis lopen.

Dat kan dus echt niet.'

De prinses kijkt vol afkeer naar de heks.

Hopelijk snapt die domme vrouw het nu.

Zíj heeft het in ieder geval goed uitgelegd.

De prinses tilt haar mantel hoog op,

en stapt over de heks heen.
Met rechte rug loopt ze naar het dorp.
Ze lijkt de oude vrouw alweer vergeten.
De heks knarst met haar tanden.
'Dat zal je bezuren, klein loeder!'
Haar ogen vlammen van boosheid.
Van woede vergeet ze haar belofte aan Bulle.
Ze pakt haar toverstaf en sist een spreuk.
De staf wijst recht naar de prinses.

'Je kakelt als een kip zonder kop,
en steekt je eigen gat vol veren.
Je gedraagt je als een verwende snob,
maar nu ga ik je een lesje leren.
Bloeden zal je voor je bekakte praat.
Fladder en kakel tot de zon ondergaat.
Spinnen en torren zul je vreten,
en niemand zal je naam nog weten.
Kakel, fladder, tok, tok, tok,
Prinses Lutien hoort in 't kippenhok!'

Een felle straal spuit uit haar toverstaf.
En raakt de prinses op haar rug.
Precies boven haar billen.

## Kukele-kwaak

De heks krabbelt overeind.
De staf in haar hand trilt.
Vol spanning kijkt ze naar de prinses.
Met een gil knakt Lutien naar voren.
Ze begint wild met haar armen te wieken.
Haar hoofd schokt op en neer,
alsof ze naar iets op de grond pikt.
En ze krimpt en krimpt.
Ze schudt hard met haar bontjas.
De witte haartjes lijken nu wel veren!
Even blijft de prinses verbaasd staan.
Haar oogjes kijken naar de veren op haar lijf.
En ze staart naar haar magere poten.
Dan begint ze in paniek te kakelen.
Ze rent hard in het rond,
en lijkt niet te weten wat ze moet doen.
De heks rolt om van het lachen.
De tranen lopen over haar wangen.
'Tok-tok-tok!' roept ze gierend van het lachen.
'Ga gauw naar je hok!'

Maar dan krijgt ze spijt.
'O nee!' mompelt ze.
'Wat heb ik gedaan!'
Ze draait zich om naar Bulle.

Hij staat rechtop tussen de struiken.

Met open mond kijkt hij haar aan.

'Bulle,' roept ze bezorgd.

'Niet schrikken hoor, er is iets misgegaan.'

Bulle komt met grote passen naar haar toe.

Snel zoekt hij de straat af.

'Waar, waar is mijn vriendin?'

De heks zegt niets.

Ze wijst naar een kip.

Het beest houdt een handtasje in haar snavel.

Om haar dunne nek hangt een snoer van parels.

En een kroontje staat scheef op haar kopje.

Aan haar tenen glimmen vele ringen.

'Lutien?' fluistert Bulle.

Met vochtige ogen staart hij naar de kip.

'Is dat mijn Lutien?

Wat heb je met haar gedaan?'

Hij loopt op de kip af.

De prinses tokt boos.

Op hoge poten stapt ze in het rond.

Bulle bukt zich om haar op te pakken.

Hij wil haar in zijn armen sluiten.

Maar Lutien laat haar tasje los.

En ze kakelt luid.

Ze fladdert wild met haar vleugels.

Dan zet ze het op een rennen.

Algauw vindt ze een gat in de heg.

Ze glipt erdoorheen en verdwijnt.
Bulle laat zich op zijn buik vallen.
Hij probeert zich door de heg te wringen.
Maar bij zijn oren blijft hij al steken.
Meteen haast hij zich terug naar de heks.

'Vlug, tover me om in een haan!
En graag een hele mooie.
Ik wil een volle staart met rode veren.
En mijn borst moet trots naar voren steken.'
De heks denkt diep na.
Er komt een rimpel in haar voorhoofd.
'Dat is niet eenvoudig,' zucht ze.
'Ik weet niet of dat nu lukt.'
Haar handen trillen.
'Ik word zo moe van al dat toveren.
Ik ben ook al zo oud.'
'Sta niet te kletsen!' schreeuwt Bulle.
Hij grijpt de kleine heks bij haar schouders.
En schudt haar stevig door elkaar.
'Schiet op, tover me om!
Straks kan ik Lutien niet meer vinden!
Dan moet ik alle hokken af.'
'Goed, goed, rustig maar,' sust de heks.
'Draai je rug naar me toe.'
Ze ademt diep in en zegt een spreuk.
Als die nu maar krachtig genoeg is!

De staf trilt hevig in haar hand.

'Oei!' roept ze bang.

Ze ziet meteen dat het misgaat.

Het lijf van Bulle zakt in elkaar.

Het verandert in een bruine klont.

Een klont zo groot als een skippybal.

Zijn huid ziet er koud en glibberig uit.

Er zitten dikke wratten op.

Zijn kop is plat en breed.

Zijn dikke buik hangt vlak boven de grond.

En rust op zijn brede poten.

'Kukele-kwaak!' roept Bulle.

Hij draait verbaasd met zijn bolle ogen.

'Kuke-kwaak!' probeert hij nog eens.

'Het spijt me, Bulle,' jammert de heks.

'Stop maar met kukelen.

Je lijkt helemaal niet op een haan.

Je bent een, uh, een ...

Hoe moet ik dat nu zeggen?

Je bent een pad.

Maar wel een hele mooie.

Zo'n grote, dikke heb ik nog nooit gezien.'

Bulle kwaakt kwaad.

'Wat moet een kip nou met een pad?

Ik wil helemaal geen pad zijn!

Tover me om in een haan.

En snel graag!'

Met logge sprongen hupt hij rond.

'Het spijt me Bulle,' zegt de heks.
Ze tuurt naar een gat in haar schoen.
'Ik kan niets meer voor je doen.
Ik wil je best wel zoenen.
Maar dat helpt niet.
Dat moet prinses Lutien doen.
Zij kan weer een jongen van je maken.
En jij van haar een meisje.'
'Zoenen!' kwaakt Bulle woest.
'Ze wil me niet eens aanraken.
Ze vindt padden vies.
Dat doet ze dus nooit!'
'Hou op met die herrie!' waarschuwt de heks.
Angstig kijkt ze naar de lucht.
'Straks komt er nog een reiger.'
De heks bergt haar staf op.
'Kom Bulle, we gaan Lutien zoeken.
Eén kusje wil ze je heus wel geven.'

## Een lekker maaltje

Het is niet zo ver naar het dorp.
Snel loopt de heks de hoofdstraat in.
Bulle hupt vlak achter haar aan.
In de verte hoort hij kinderen schreeuwen.
Snel kruipt hij onder de rokken van de heks.
Want de kinderen komen snel hun kant op.
Ze rennen achter een kip aan.
Ze joelen en klappen luid in hun handen.
Bang vlucht de kip een winkel in.

'Tokkeldetok,' hijgt de prinses.
'Mevrouw Annie, doet u meteen de deur dicht.
Snel mens, jaag die kinderen weg!'
Mevrouw Annie trekt haar neus op.
Met een vies gezicht kijkt ze naar de kip.
Normaal is ze altijd beleefd tegen haar klanten.
Ze blijft reuzeaardig en heel rustig.
En vooral bij prinses Lutien.
Hoewel dat lang niet altijd meevalt.
Maar nu pakt ze een bezem.
'Weg, vieze kip!' roept ze.
'Je poept mijn hele winkel onder!'
De prinses kijkt vol ongeloof naar de vloer.
Heeft zij dat gedaan?
Ze heeft wel wat last van haar darmen.

Maar dat is toch ook geen wonder.
Ze wordt zo nerveus van al dat gedoe.
Het was echt een nare middag.
'Hou op met fladderen!' schreeuwt mevrouw Annie.
'Alle hoeden komen onder de veren.'
Ze zwaait wild met de bezem.
'Ga weg, vies beest!'
'Hier krijg je spijt van!' kakelt Lutien kwaad.
'Nooit koop ik hier nog een hoed.
Nooit! Hoor je!'
Dan vlucht ze de winkel uit.

Ze rent tussen de mensen door.
Langs de lange rokken van een oude vrouw.
Even denkt ze haar naam te horen.
Is dat Bulle die haar roept?
Ook dat nog! denkt ze boos.
Vlug slaat ze een zijstraat in.
En verstopt zich in een tuin.
Ze kakelt zacht en schudt haar veren.
Ze bekijkt zichzelf goed.
'Hoe is het toch mogelijk?
Ben ik echt een kip geworden?
Ik, prinses Lutien Zwier, een kip!
Dat kan toch nie..'
Opeens houdt ze haar snavel.
Wat beweegt daar voor iets?

Daar, tussen de dorre blaadjes.

Ze houdt haar kopje schuin.

Scherp kijkt ze naar de grond.

Snel steekt ze haar snavel tussen de blaadjes.

En trekt een vette worm uit de aarde.

Ze laat hem door haar keelgat glijden.

'Blèèèhh!' kakelt ze van schrik.

'Wat doe ik! Wat smerig!'

Ze veegt haar snavel aan de grond af.

'Ik moet hier weg.

Een prinses hoort niet tussen de struiken.

Ik moet naar huis en snel.'

Ze tuurt de straat af.

Mooi zo! Die kinderen zijn weg.

De prinses zet het meteen op een rennen.


Zonder te stoppen fladdert ze naar huis.

Ze snelt de lange oprijlaan op.

'Personeel!' kakelt ze luid.

'Personeel, kom meteen hier!'

Daar komt de tuinman aan.

Hij heeft een hark in zijn hand.

En probeert haar in een hoek te drijven.

'Willem, pak een mand!

Hier loopt me toch een lekker maaltje!'

'Als je het maar laat!' kakelt de prinses kwaad.

'Eén vinger aan mijn lijf en je bent ontslagen.'

'Grijp dat beest, Willem!' schreeuwt de tuinman.
Hij port met de hark tegen Lutiens staart.
'Toe dan, grijp die braadkip!'
'Ont-sla-gen!' kakelt de prinses.
Maar het klinkt al niet meer zo zeker.
Ze is bekaf.
'Op sta-ande voet!' zegt ze nog met moeite.
Dan vlucht ze de bosjes in.
'Ik ga de honden halen,' zegt Willem.
'Dan hebben we dat beest zo te pakken.'
'O, wat erg!' jammert de prinses.
'Ik word nog verscheurd door mijn eigen honden.'
Ze vlucht haar landgoed af.
Pas in het bos voelt ze zich veilig.
Met haar laatste krachten hupt ze op een tak.
Ze steekt haar snavel tussen haar veren.
Uitgeput valt ze in slaap.

## Een vers eitje

'Het spijt me, Bulle,' zegt de heks.
'Ik weet echt niet waar die kip is.'
Ze zet haar schoen onder Bulles lijf.
En wipt hem omhoog.
Traag hupt Bulle verder het bospad op.
'Wees blij dat ik je naar je huisje breng.
Daar kan je veilig bij je vader wonen.'
'Veilig?' kwaakt Bulle.
'Weet je wat hij het liefste eet?
Kikkerbillen!
Daar is hij dol op.
Hij vreet me in één keer op.'
'Dat gebeurt heus niet,' troost de heks.
'Ik schrijf wel een briefje voor hem.
Dan leg ik uit dat jij het bent.
En dat hij van je billen af moet blijven.'

Ze komen bij het huisje van Bulle.
De heks vult een teil met water.
'Ga maar in de teil zitten, Bulle.
Daar voel je je wel lekker.'
Bulle kwaakt bedroefd en springt in de teil.
Een golf water stroomt over de rand.
Dan draait de heks zich om.
En loopt snel weg.

Ze wil niet langer naar Bulle kijken.
Hij zit zo triest in die kleine teil.

Wat verder in het bos wordt Lutien wakker.
Ze heeft een heerlijk dutje gedaan.
Maar nu heeft ze erge honger.
'Kok, breng me eten!' roept ze als altijd.
Maar er komt natuurlijk niemand.
Dan hipt ze maar van de tak.
Ze scharrelt tussen de blaadjes op de grond.
Ze pikt het eerste torretje op.
Daarna eet ze een pissebed.
Ook slobbert ze een worm naar binnen.
Maar dat glibbert wel erg.
Opeens blijft ze op één poot staan.
Ze hoort een zwaar, kwakend geluid.
'Kwaaktien, Kwaaktien,' klinkt het bedroefd door
het bos.
'Hier ben ik,' kakelt de prinses.
Ze slikt een oorwurm in één keer door.
'Kwaaktien, Kwaaktien,' klinkt het weer.
Prinses Lutien rekt haar dunne nek.
Haar kopje draait met schokjes rond.
'Joe-tok-hoe! Hier ben ik! Wie roept mij?'
De prinses rent tussen de struiken door.
Het gekwaak klinkt nu van dichtbij.
Opeens staat ze voor het huisje van Bulle.

Prinses Lutiens snavel zakt open.
Ze kijkt naar een enorme pad.
Hij zit in een teil naast de voordeur.
'Jakkes, wat een bullebak!' kakelt ze.
'Wat een dikke vleesklomp!
Je zou haast zeggen, dat moet Bulle zijn.'
Ze hipt op de rand van de teil.
En pikt de pad boven op zijn kop.
'Bulle, ben jij dat?'
De pad opent zijn brede bek.
'Kwaaktien?' kwaakt hij blij.
'Alsjeblieft, wil je me zoenen?'
Prinses Lutien begint hatelijk te lachen.
'Ben je gek geworden, Bulle?
Je bent nog lelijker dan eerst!'
Weer pikt ze de pad hard in zijn kop.

Langzaam komt de pad overeind.
Hoog torent hij boven de kip uit.
Hij slaat zijn voorpoten om de prinses heen.
En trekt haar zo de teil in.
'Kus me, Kwaaktien!'
'Tokketok!' kakelt Lutien angstig.
'Niet doen! Ik kan niet zwemmen.
Laat me los!'
Ze pikt fel naar de pad.
En raakt hem boven op zijn bek.

'O, Kwaaktien, wat heerlijk!

Wat een vurige kusjes.

En het zijn er zoveel!

Je houdt dus toch van me.'

De ogen van Bulle stralen als sterren.

Zijn hart gloeit en bonkt van vreugde.

De huid om zijn schouders staat vreemd strak.

Het voelt of hij uit zijn vel gaat knappen.

'Vies joch!' kakelt de prinses.

Het klinkt hoog en hard van de zenuwen.

En ze pikt en pikt naar Bulle.

Ze pikt waar ze hem maar raken kan.

'Lutien,' fluistert Bulle hees.

'Ik hou zoveel van je.'

Met een schok kijkt de prinses naar Bulle.

De griezel houdt haar nog steeds stevig vast.

Maar hij is allang geen pad meer.

Hij ziet er weer uit als de oude Bulle.

Alleen heeft hij nu wratten op zijn hoofd.

'Laat me los!' kakelt de prinses.

'Hebben we nu verkering, Lutien?

En gaan we later trouwen?'

'Nooit trouw ik met je!'

Verliefd aait Bulle de kip.

'Maar ik mag je toch wel een kus geven?'

'Als je het maar laat!'

De prinses wendt snel haar kopje af.

'Wat is dat nou jammer,' zegt Bulle.

'Na één kus ben je weer een prinses.

Dan zie je er weer uit als Lutien.'

Zijn dikke vingers kroelen tussen haar veren.

'Maar weet je wat raar is?

Ik vind je als kip veel liever.

Nu kan ik je aaien wanneer ik wil.'


Fluitend timmert Bulle een mooi hokje voor Lutien.

Dan schuift hij een ring om haar poot.

En noemt haar zijn prinsesje.

Vanaf die dag is hij heel gelukkig.

En Lutien? Of ook zij gelukkig is?

We zullen het nooit weten.

Maar ze pikt graantjes uit Bulles hand.

En elke dag legt ze een vers eitje.

Spetter

Spie, spa, Spetter
is een vrolijke dolfijn.
Luister goed naar zijn getetter.
Wie zou híj na een kusje zijn?

Is hij een olifant met vinnen?
Een pad met een dolfijnenstaart?
Een mooie vogel met scherpe tanden,
óf een prins op een wit paard.

# In Spetter 4 zijn verschenen:

*Spetter* is er ook voor kinderen van 6 en 8 jaar.

STICHTING NEDERLANDSE
**KINDERJURY**
2004

Boeken met dit vignet zijn op niveaubepaling geregistreerd en gecontroleerd door KPC Groep te 's-Hertogenbosch.

0 1 2 3 4 5 / 07 06 05 04 03

ISBN 90.276.4966.9 • NUR 282

Vormgeving: Rob Galema
Logo Spetter en schutbladen: Joyce van Oorschot

© 2003 Tekst: Els Rooijers
Illustraties: Riske Lemmens
Uitgeverij Zwijsen Algemeen B.V. Tilburg

Voor België:
Zwijsen-Infoboek, Meerhout
D/2003/1919/410